COLLECT VIVRE

LA GRANDE HISTOIRE DE LA PETITE 2CV

JACQUES BILLARDIÈRE

Collection dirigée par
ISABELLE JAN

HACHETTE
58, rue Jean-Bleuzen
92170 Vanves

Crédits photographiques : documents Citroën ; pp. 31, 50, 57, Renault Communication.

Couverture : Agata Miziewicz ; photo : document Citroën.

Conception graphique : Agata Miziewicz.

Composition et maquette : Joseph Dorly éditions.

Iconographie : Christine de Bissy.

ISBN :2-01-018351-7

© HACHETTE LIVRE 1993, 79, boulevard Saint-Germain, F 75006 Paris.

« En application de la loi du 11 mars 1957, il est interdit de reproduire intégralement ou partiellement le présent ouvrage (la présente publication) sans autorisation de l'éditeur ou du Centre français du copyright (6 *bis*, rue Gabriel-Laumain 75010 Paris). »

Sommaire

REPÈRES 5

Chapitre 1 : Une invention qui ira loin 7
Un drôle d'animal à quatre roues 7
Sous les lumières de la tour Eiffel 9
Un jour, sur un marché d'Auvergne 11
Les idées les plus folles 13
Des premiers pas difficiles 14
Derrière les murs de la Ferté-Vidame 16
Le petit canard contre la Coccinelle 19
Une Coccinelle au quai de Javel 20
Sauvée par l'amour 22
PJB en visite à la Ferté-Vidame 23

Chapitre 2 : En route pour l'aventure 29
Une petite ouvrière : la 4 CV Renault 29
TPV : la Toujours Pas Vue 32
Le Salon de l'auto de 1948 33
Une naissance difficile 36
Les premiers deuchistes 37
L'automobile, reine de France 41
Les chemins de l'aventure 43
Un canard autour du monde 45
PVU contre TPV 48

Chapitre 3 : Quarante ans et toujours jeune 51
Rosalie ou Mimine 51
De de Gaulle à James Bond 52
Les modes passent, la 2 CV reste 53

Plus d'essence, mais toujours des 2 CV 55
Voici le temps de la R 5 56
Toutes les folies sont permises 59

MOTS ET EXPRESSIONS 62

NOTE : les mots accompagnés d'un * dans le texte sont expliqués dans « Mots et expressions », en page 62.

Les photos de cet ouvrage proviennent des photothèques des services de documentation des entreprises Citroën et Renault.

Repères

On n'a jamais su qui avait inventé l'automobile. Est-ce le Suisse Isaac de Rivaz qui fabrique en 1805 le premier vrai moteur ? Ou l'Anglais Samuel Brown, vingt ans plus tard ? Ou encore les Français Delamare et Malandin qui, en 1883, réussissent à rouler avec un moteur à essence ? Pendant toutes ces années-là, on pense que cette machine n'est qu'un jouet.

Mais, très vite, surtout en France, un peu avant 1900, sont apparus quelques jeunes gens qui, sans se connaître, chacun de son côté, ont cru que « la voiture automobile » pouvait devenir quelque chose d'autre qu'un amusement pour gens riches. Ils s'appellent Armand Peugeot, Louis Renault ou André Citroën. Armand Peugeot construit sa première voiture dans un coin de l'usine de ses parents, une usine qui fabrique des vélos, Louis Renault au fond du jardin familial de Boulogne, près de Paris, et André Citroën transforme, dès 1900, sa petite fabrique d'outils en première vraie usine automobile. Ils ont compris avant tout le monde que ce jouet de luxe allait changer le monde. Et ils ont tous les trois le même rêve : qu'un jour tous les Français aient leur voiture.

La Première Guerre mondiale de 1914-1918 fait de la voiture une machine de guerre : les « taxis de la Marne » transportent l'armée. La paix revenue, le rêve de nos jeunes gens est presque devenu une réalité. Mais l'automobile est maintenant aussi une affaire d'argent. Armand Peugeot est mort en 1915, ses enfants ont repris l'usine et la font marcher très sérieusement. André Citroën, lui, continue son rêve : donner une voiture à tous les Français. Il y perdra son argent et son usine.

... /...

.../...

Mais les temps ont changé. Les États-Unis sont devenus le premier fabriquant d'automobiles. Pour rester dans les meilleurs, la France doit avoir de nouvelles idées. C'est ainsi qu'elle deviendra le pays de « la petite voiture », face aux États-Unis, pays de « la belle américaine ».

Aujourd'hui, des petites Peugeot, Renault et Citroën roulent un peu partout dans le monde. La plus célèbre de toutes s'appelle la 2 CV. En racontant son histoire, on raconte aussi près de cinquante ans de la vie des Français.

CHAPITRE 1

UNE INVENTION QUI IRA LOIN

UN DRÔLE D'ANIMAL À QUATRE ROUES

Quand on part en vacances sur les routes de France, on a parfois envie de ne pas prendre l'autoroute du Sud tout de suite. Il est agréable d'aller sur les petites routes qui traversent des villages et des paysages inconnus. On y fait parfois des rencontres curieuses.

Un canard gris

La campagne est belle en ce matin d'été. Votre voiture va à travers les champs et les bois. Soudain, une sorte de gros canard gris, posé sur quatre roues maigres, avance au milieu de la route. Impossible de doubler. Cette machine bizarre semble construite avec du carton. Dans un tournant, elle se penche sur le côté comme si elle allait s'envoler et rouler dans les champs, en ne laissant au milieu de la route que ses quatre roues et son moteur. On dirait un petit bateau secoué par les vagues. Ou un canard courant vers l'eau.

Enfin, on peut la doubler ! À l'intérieur, une tête de vieille paysanne dépasse à peine de l'autre côté de la vitre*. On dirait qu'elle est assise par terre. Ses mains sont accrochées au grand volant*. À l'arrière, des boîtes remplies de légumes.

Vue dans la vitre arrière de votre voiture, cette drôle de machine est tout aussi bizarre : au-dessus de ses ailes* tremblantes, les phares*, deux gros yeux, tiennent sur un bout de métal. Et son capot* en tôle ondulée* pique vers la route, comme un bec de vieux poulet. On pourrait avoir pitié d'elle si la calandre* ne lui donnait pas un bon sourire.

Le canard écolo [1]

La campagne est bien jolie, mais les vacances n'attendent pas. L'autoroute du soleil traverse les montagnes du Morvan. La côte est longue. Sur la voie [2] de droite, un gros camion. Juste à côté un autre de ces canards à quatre roues essaie de le doubler. On dirait un enfant que son papa accompagne à l'école en le tenant par la main.

Ce canard-là n'est pas gris, mais blanc et vert. La porte du coffre*, un mince rectangle de tôle, est peint de grosses fleurs roses. On peut voir dépasser, à l'intérieur des sacs à dos, des tentes, des guitares. C'est tellement lourd que l'arrière de la voiture cache les roues. Il suffirait de quelques millimètres pour qu'elle touche la route. L'avant, au contraire, se dresse vers le ciel. Ce n'est plus un bec de poulet fatigué, mais celui d'un coq fier qui surveille sa basse-cour [3]. Le vent gonfle la toile qui sert de toit, comme un ballon prêt à éclater. Passagers et conducteur — combien sont-ils ? quatre ? cinq ? — sont des jeunes gens à cheveux longs qui vont peut-être retrouver le soleil des plages espagnoles ou les chemins des Cévennes, oubliés depuis bien longtemps par leurs parents.

Le canard de luxe

La Côte d'Azur, enfin ! Et encore un de ces canards ! Celui-là, arrêté sur la plage, a des couleurs luxueuses : les ailes d'un noir profond brillent au

---

1. Écolo : diminutif pour écologiste, personne intéressée par la nature.
2. Voie : partie de la route où roulent les voitures.
3. Basse-cour : endroit de la ferme où vivent les poules et les canards.

soleil. Les portes et le capot, d'un rouge élégant, forment de jolis cercles entourés d'une fine ligne blanche. Par le toit ouvert dépassent des planches à voile. Autour, des jeunes gens bronzés par le soleil semblent sortir d'un journal de mode ou d'une publicité pour le chewing-gum !

Et pourtant c'est encore elle, c'est la même voiture que celle de la paysanne, la même que celle des écolos de l'autoroute. En plus de quarante ans, elle a parcouru le monde dans tous les sens. Elle est la plus célèbre des Françaises, plus encore que Brigitte Bardot et Catherine Deneuve. Elle est peut-être aussi connue que le général de Gaulle et Astérix.

Les Hollandais et les Autrichiens l'appellent « vilain petit canard », les Allemands, plus gentils « Monpti » (abréviation aimable de « mon petit »), les Américains « blue-jeans car », les Congolais « Yapotopo » (qui traverse la boue) et les Français, la « Deux-pattes » ou la « Deuche » : c'est la 2 CV[1] bien sûr !

Sous les lumières de la tour Eiffel

Notre vilain petit canard aura eu bien du mal à venir au monde. L'idée de la 2 CV est née en 1935. Les Parisiens ne pourront la voir qu'en 1948. Et les premiers modèles ne parcourront les routes qu'en 1949.

Après la Première Guerre mondiale, la voiture automobile est encore un objet de luxe. On met beaucoup de temps à la fabriquer et elle coûte cher. En 1919, un homme comprend que la voiture doit devenir un moyen de transport comme les autres. Même les gens pauvres pourront l'acheter. Cet homme est un ingénieur qui s'appelle André Citroën. Il construit une

---

1. CV : voir « Mots et expressions », page 62.

André Citroën, le patron du quai de Javel.

usine sur le quai de Javel à l'ouest de Paris, au bord de la Seine. Les voitures qu'il invente, les « Type A », devront être entièrement fabriquées dans l'usine. Son but est que cent voitures prêtes à rouler sortent tous les jours du quai de Javel. Cinq ans plus tard, en 1924, il y en a trois cents. Au bout de dix ans, en 1929, elles seront cent mille par an à naître sur les bords de Seine et dans d'autres usines construites dans la banlieue. Citroën invente pour chacun de ses modèles quelque chose de nouveau : frein à disque, moteur Diesel, traction avant*. Il veut vendre aussi ses voitures à l'étranger. Pour cela, il invente les raids : c'est « la Première Traversée du Sahara » en 1922, puis « la Croisière noire », traversée de toute l'Afrique, en 1924-1925, et enfin, en 1931, « la Croisière jaune », qui part de la Méditerranée jusqu'en Chine.

Citroën n'en reste pas là : voici la « garantie d'un an », le « dictionnaire des réparations », la vente à crédit, les écoles de vendeurs de voitures, les transports rapides par autocar...

Tout est fait pour que les gens ne disent plus « voiture » ou « automobile », mais « Citroën » ou, en argot [1], « Citron ». Il fait fabriquer aussi deux cent mille voitures-jouets. « Les premiers mots de nos enfants doivent être : papa, maman... et Citroën » aime répéter André Citroën.

Il fait poser sur les routes de France cent soixante-cinq mille panneaux indicateurs. Et sur la tour Eiffel,

---

1. Argot : français parlé par les voyous (ici langue familière).

deux cent cinquante mille lampes éclairent Paris de ces lettres de lumière : CITROËN.

Mais, un soir de 1934, la tour Eiffel reste dans le noir. André Citroën n'a plus d'argent. Il a trop dépensé pour lancer sa nouvelle voiture : la Traction avant, une voiture révolutionnaire. Elle sera d'abord la voiture des ministres, puis des commerçants aisés et des taxis avant de devenir celle des policiers et... des gangsters [1]. Aujourd'hui, la Traction avant est un véritable objet d'art pour quelques amoureux qui la soignent, la nettoient comme un bijou. Ce curieux destin sera aussi, vingt ans plus tard, celui d'une autre voiture révolutionnaire fabriquée par les usines Citroën, la DS 19. Elle aussi ira des ministres — et même du général de Gaulle — aux collectionneurs, en passant par les gangsters...

En attendant, André Citroën est ruiné. Il est obligé de donner ses usines à l'entreprise à laquelle il doit le plus d'argent : les pneus Michelin. L'ingénieur du quai de Javel a tout perdu. Il meurt en juillet 1935, sans avoir vu le triomphe de la Traction avant et la naissance de l'idée de la 2 CV...

Un jour, sur un marché d'Auvergne...

Les hommes de Michelin arrivent bientôt au quai de Javel. À leur tête, Pierre Michelin lui-même et son ami Pierre-Jules Boulanger. Ce dernier a vécu quelques années aux États-Unis et se fait appeler PJB, à la mode américaine. Il s'occupera de diriger les « bureaux d'études » où l'on invente de nouvelles voitures.

PJB possède une grande maison en Auvergne, à Lempdes, un village à quelques kilomètres de Saint-

---

1. Gangsters : (mot pris à l'anglais) voleurs et assassins organisés en bande : le gang.

Étienne, où se trouve l'usine des pneus Michelin. Par sa fenêtre, il peut regarder ce qui se passe au marché : sur de vieilles charrettes* tirées par des bœufs ou des chevaux, les paysans viennent vendre leurs produits, accompagnés de leur femme et de leurs filles. Les garçons sont restés à la ferme pour travailler.

« Si la femme pouvait venir seule au marché dans une voiture, le paysan pourrait travailler à d'autres choses pendant ce temps... » pense PJB.

Pierre-Jules Boulanger rentre à Paris et fait venir son adjoint, M. Brogly, à son bureau du 48, rue du Théâtre, proche du quai de Javel.

– Brogly, votre équipe et vous allez travailler sur un nouveau projet : une voiture pouvant transporter deux paysans en sabots [1], cinquante kilos de pommes de terre ou un tonneau. Vitesse maximum de la voiture : 60 kilomètres/heure. Elle ne devra pas consommer plus de 3 litres aux 100 kilomètres.

Brogly est très étonné, mais il note quand même tout cela sur son carnet.

– Ce n'est pas fini, continue Boulanger. La voiture devra passer sur les plus mauvais chemins. Elle sera assez légère pour être conduite par une femme qui vient d'apprendre à conduire. Son confort sera parfait : les œufs, transportés à l'arrière ne doivent pas se casser. Elle devra être beaucoup moins chère que la Traction avant. Cette voiture sera fabriquée dans le plus grand secret. Vos hommes et vous ne devez en parler à personne, même pas à votre femme. Quand nous en parlerons entre nous, nous l'appellerons : TPV. Cela signifie : Très Petite Voiture.

Brogly se lève, il ouvre la porte.

– Une dernière chose ! Même si la TPV est très laide, ça m'est égal.

---

1. Sabots : chaussures en bois que portaient les paysans.

Brogly retourne à son bureau : des sabots, des pommes de terre, des œufs... tout se mélange dans sa tête.

Il appelle ses deux plus proches collaborateurs : André Lefèbvre, un simple mécanicien, mais qui a beaucoup plus d'idées que le meilleur ingénieur sorti d'une grande école, et l'Italien Flaminio Bertoni, un vrai artiste qui sculpte dans le bois et la terre les futures carrosseries*. Ce sont ces deux hommes qui ont créé la Traction avant.

– Messieurs, leur dit Brogly, notre nouveau patron vient de me dire les paroles les plus folles que j'aie entendues de ma vie.

Et, à son tour, il parle d'œufs, de sabots et de pommes de terre...

LES IDÉES LES PLUS FOLLES

Une très belle idée, finalement, cette Très Petite Voiture, pense le mécanicien Lefèbvre. Grâce à elle, les gens les plus pauvres, les salaires les plus bas pourront se déplacer pour se rendre sur leur lieu de travail. Oui, mais que veulent-ils vraiment, comme voiture, ces Français-là ? Personne ne le sait.

– Eh bien, nous allons le leur demander, dit-il à ses collaborateurs.

Aussitôt, les hommes de la petite équipe écrivent un questionnaire. L'un d'entre eux va se promener pendant cinq mois sur les routes de France, de ferme en ferme et de marché en marché. Il pose toujours les mêmes questions :

« Quel moyen de transport utilisez-vous ? Combien de jours roulez-vous par an, que transportez-vous ? etc. »

Dix mille personnes à petit salaire sont ainsi interrogées. Dès que l'enquêteur est revenu à Paris, il classe les réponses comme un vrai ordinateur ! Le « marketing » est inventé.

André Lefèbvre est devenu le vrai patron du projet TPV. Il arrive tous les matins dans le bureau de la rue du Théâtre, donne l'idée qu'il a eue pendant la nuit et dit :

– Qui veut faire ça ?

Celui que ça intéresse lève le doigt et se met au travail tout de suite. La voiture pèsera moins de trois cents kilos, elle n'aura pas de châssis * ni de marche arrière, les sièges avant seront suspendus par des câbles *, elle sera en tôle ondulée... Pour le moteur, en attendant de trouver la meilleure solution, l'artiste Bertoni offre celui de sa moto, une BMW. Il faut plusieurs moteurs, mais Citroën ne peut pas les demander directement à l'usine allemande. Si BMW savait ça ! Alors, la direction donne de l'argent à l'équipe qui va acheter, comme tout le monde, sa BMW chez le garagiste.

Autre problème, celui de l'électricité : une batterie*, c'est trop lourd et trop cher. Un membre de l'équipe propose, très sérieux, un produit à base de vers luisants [1] et d'arêtes de poissons, qui donne de la lumière en pourrissant. Boulanger accepte. Hélas, la belle invention ne verra jamais... le jour ! Les portes, elles, ne ferment que de l'intérieur. Mais attention ! Boulanger a l'œil sur tout : il envoie une note disant que « la serrure * doit résister à onze mille ouvertures faites par les gros doigts maladroits d'un paysan » !

Des premiers pas difficiles

1936. Pendant que les hommes de Lefèbvre travaillent sur la Très Petite Voiture, la gauche gagne les élections : c'est le Front populaire. Le Premier ministre, Léon Blum, invente « les congés payés ». Des millions de Français, pour la première fois, peuvent par-

---

[1]. Ver luisant : tout petit animal qui brille dans la nuit.

tir en vacances. On voit les ouvriers, les paysans, les petits commerçants, s'entasser dans les autocars, dans les trains et, pour les moins pauvres de tous, dans de vieilles voitures comme la Type A ou l'Amilcar. Les jeunes, eux, partent en vélo ou en mobylette et courent vers la mer. Boulanger et sa voiture du peuple sont-ils arrivés trop tard ? Il faut continuer. Grâce aux congés payés, la Très Petite Voiture, c'est l'avenir.

Cette fois, au début de l'année 1937, la première TPV est prête à rouler. On la sort de l'usine dans un camion, bien cachée, et on l'emporte dans la campagne près de Paris. La voilà qui sort du camion. Drôle de chose, vraiment ! Le toit est une toile de tente tenue par des câbles. Un seul phare placé au milieu la fait ressembler au Cyclope [1] de *l'Odyssée*. C'est d'ailleurs ainsi que vont la nommer les ouvriers. Les portes sont presque rondes. Les sièges sont de simples toiles suspendues au toit. Mais déjà cette chose bizarre ressemble un peu à la future 2 CV.

Du courage ! Il faut l'essayer. Le brave qui fera les premiers kilomètres est choisi au hasard. La chance — mais est-ce bien une chance ? — désigne Alphonse Forceau. Il s'installe comme il peut. Il n'y a pas de démarreur*. Quelqu'un tourne la manivelle*. Elle démarre ! 60, 80, 100 kilomètres à l'heure... Une vitesse folle, à cause des freins trop mous et des roues qui se dirigent comme celles d'un vélo. Forceau revient enfin.

– Alors raconte ! demande Lefèbvre.

– Essaie-la toi-même, répond Forceau, la voix tremblante. Lefèbvre démarre. Il revient dix minutes après, le visage tout blanc :

– Démontez-moi ça entièrement. On recommence tout.

---

1. Cyclope : personnage de *l'Odyssée* qui n'avait qu'un œil.

L'équipe se remet au travail. Un autre engin voit le jour. On l'essaie à nouveau. Cette fois le conducteur sent une très forte odeur de brûlé. Il sort en vitesse. La deuxième TPV est en flammes. Vite, on l'éteint, on met les restes dans le camion. La police arrive.

– Ouvrez ce camion !

– C'est interdit. Personne ne doit voir ce qu'il y a à l'intérieur. C'est un secret Citroën. Et ce camion est une propriété privée : la police n'a pas le droit d'y entrer.

Les policiers se fâchent. Rien à faire. Le camion retourne à Paris en emportant son grand secret : des bouts de tôle noircie. Seul le carburateur* est resté comme il était.

Derrière les murs de la Ferté-Vidame

En décembre 1937, Pierre Michelin, l'autre patron de Citroën, se tue en conduisant une Traction avant. PJB devient le seul maître du quai de Javel. Mais la prise de pouvoir est difficile. Beaucoup de gens dans l'usine trouvent que Lefèbvre et son équipe sont trop gâtés. Pour eux, la TPV ne sera jamais fabriquée. Ils décident de construire leur propre petite voiture. Quand Boulanger l'apprend, cet homme d'habitude calme et froid se met dans une colère qui fait trembler les murs du quai de Javel.

La TPV avant tout ! Et surtout que personne ne sache où en sont les travaux. Essayer la TPV sur des routes normales où tout le monde peut la voir est trop dangereux : le matin, elle part dans un camion que les ouvriers appellent le « camion-hôpital », car le soir, quand il revient, la voiture qu'il transporte est souvent bien malade ! Un journaliste un peu trop curieux pourrait suivre le camion-hôpital et photographier la voiture pendant les essais.

Et si ce n'est pas un journaliste cela pourrait être les hommes de Renault, le grand ennemi de Citroën, qui, lui aussi, prépare, dit-on, sa Très Petite Voiture. Boulanger appelle un de ses collaborateurs :

– Trouvez-moi un grand parc, fermé par des hauts murs, à moins de cent kilomètres de Paris. À l'ouest.

– À l'ouest, pourquoi à l'ouest ?

– Pour que les personnes qui iront là-bas le matin n'aient pas les yeux éblouis par le soleil levant !

Bientôt, à la Ferté-Vidame, en Eure-et-Loir, on trouve l'endroit idéal. On y construit une piste de 2 500 mètres cachée derrière les arbres... et des murs de 3 mètres de haut sur 16 kilomètres de long. Impossible d'entrer ici, impossible de voir ce qui s'y passe. À l'entrée, un gardien fouille tous les ouvriers chargés d'essayer la voiture. Dans le café du village voisin, il est dangereux de prononcer le mot « voiture ». Les têtes se lèvent, le silence se fait. Ce sont tous des ouvriers qui travaillent sur la TPV et viennent prendre ici leur déjeuner.

Aujourd'hui encore, à quelques années de l'an 2000, les Citroën continuent de rouler sur la piste d'essais de la Ferté-Vidame. Et si parfois, un journaliste réussit à faire une photo d'un nouveau modèle, c'est sans doute que les gardiens ont fermé les yeux. Laisser voir un peu de tout ce mystère, c'est bon pour la publicité !

Pendant deux ans, en 1938 et 1939, plus de quarante prototypes [1] de TPV se suivent sur la piste de la Ferté-Vidame. Mais tantôt la voiture est trop lourde, tantôt elle se casse comme du verre. Elle commence pourtant à prendre les formes qu'aura sa fille, la 2 CV. Sa suspension* la fait déjà ressembler au canard gris qui va comme un petit bateau dans les vagues. Elle garde encore son phare unique de cyclope. Il n'y a pas de

---

1. Prototype : voiture d'essai.

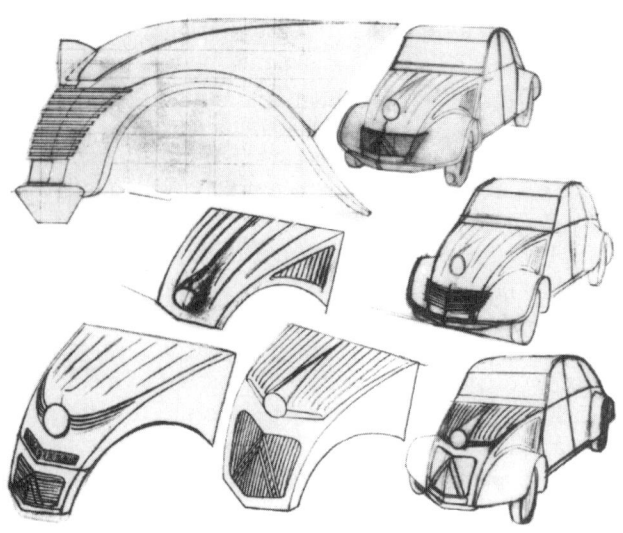

Pendant deux ans, en 1938 et 1939, on fabriquera plus de quarante prototypes.

ver luisant ou d'arête de poisson à l'intérieur, mais une simple lampe.

Boulanger veut la présenter au Salon de l'automobile de Paris de 1939. Il faudra en fabriquer cent trente-cinq par jour. Le 2 septembre à midi, une première TPV est prête. Est-ce celle-là que verront les Parisiens au Salon d'octobre ?

Le lendemain, à la même heure, la France déclare la guerre à l'Allemagne. Il n'y aura plus de Salon de l'automobile pendant six ans.

LE PETIT CANARD CONTRE LA COCCINELLE

En Allemagne, Hitler aussi veut sa Très Petite Voiture. Il demande à l'ingénieur Ferdinand Porsche de lui fabriquer une voiture du peuple, la Volkswagen. Elle n'est pas destinée aux paysans comme la TPV de Boulanger, mais aux ouvriers qui la paieront malgré eux : chaque fin de mois, ils ont la surprise de voir leur salaire réduit. La Volkswagen est obligatoire ! Dès 1938, Hitler peut voir le premier modèle. Et cent soixante-dix mille ouvriers allemands commencent à payer, alors que la VW n'est pas encore finie. Les Allemands devront attendre la fin de la guerre pour conduire enfin la voiture du peuple. Car, en 1939, la Volkswagen n'est plus pour les ouvriers, mais pour l'armée. Ce n'est que de longues années après que la Volkswagen passera au-dessus de toutes les frontières du monde, mais sans armes, cette fois : plus de vingt millions de voitures fabriquées. Comme la 2 CV, on lui donnera des noms d'animaux : « Beetle » en Grande-Bretagne, « Käfer » en Allemagne, « Maggiolino » en Italie, « Coccinelle [1] » en France. Mais c'est une autre histoire...

---

1. Coccinelle : petit animal rond et rouge à taches noires qui vit dans les jardins. On l'appelle aussi « bête à bon Dieu ».

Une autre histoire ? Peut-être pas ! Car même quand la paix sera revenue en Europe, notre petit canard et la Coccinelle continueront à se disputer le cœur du monde entier.

En attendant, la guerre oblige PJB à arrêter la TPV. Ou, pour parler en bon français, le patron des usines Citroën, M. Pierre-Jules Boulanger décide de ne plus continuer à fabriquer ses Très Petites Voitures. En cette fin d'année 1939, la mode est plutôt aux camions chargés de soldats.

Les deux cent cinquante TPV qui ont servi aux essais ou qui ne sont pas encore finies sont démontées ou cachées dans les usines de Levallois, du quai de Javel et du parc de la Ferté-Vidame.

Il en manque une, la seule voiture terminée qui devait être montrée au Salon. On la cherche partout, on ne la trouve pas... Elle a été volée par un ouvrier de Citroën qui voulait fuir [1] l'arrivée des armées allemandes. Il a entassé sa famille et ses bagages dedans. Et, au milieu d'une foule quittant Paris, certains ont pu voir un véhicule bizarre ressemblant à la fois à un canard et à un cyclope, qui allait vers Niort, la ville où Citroën avait décidé de s'installer. On ne saura jamais le nom de cet ouvrier. Mais la TPV sera retrouvée par un collaborateur du mécanicien Lefèbvre, quelques mois plus tard, en panne*, sur le bord de la route qui va de Paris à Niort... Ce seul prototype complet de la future 2 CV sera ramené à Paris, toujours en secret.

UNE COCCINELLE AU QUAI DE JAVEL

Les Allemands occupent la France. Les constructeurs français n'ont pas le droit de construire ou d'étudier de nouveaux modèles. Seule est autorisée la fabrication,

---

1. Fuir : partir très vite quand arrive un danger.

chez Simca, d'une petite voiture (encore une !), la Simca 5. Mais, durant toute la guerre, les ouvriers de l'usine Simca, à Poissy, feront exprès de la fabriquer très lentement : ils ne veulent pas offrir la moindre auto aux Allemands.

Pourtant, malgré cette interdiction, malgré le danger, quelques ingénieurs et mécaniciens continuent à travailler en se cachant. C'est aux usines Renault que c'est le plus difficile : le patron, Louis Renault, est un « collabo »[1] très obéissant. Ingénieurs et mécaniciens doivent aussi se cacher de lui pour préparer la future 4 CV à moteur arrière. À la Libération, les usines Renault seront nationalisées[2]. Louis Renault mourra en 1944, avant de connaître sa condamnation pour collaboration avec l'ennemi.

PJB est tout le contraire de Louis Renault. Il refuse de serrer la main aux officiers allemands qui viennent surveiller son usine. Il cache des ouvriers recherchés par les ennemis. Les Allemands l'ont mis sur la liste des soixante-sept personnalités françaises qui devront être arrêtées si les Alliés arrivent.

En juillet 1940, dès les premières semaines de l'occupation, des ingénieurs allemands viennent à Levallois pour voir la TPV. Ils en demandent trois prototypes pour être montrés à Hitler lui-même. En échange, ils proposent de donner une Volkswagen à Citroën.

Pierre-Jules Boulanger refuse. Le général Von Shell, adjoint de Goering pour l'automobile, vient lui-même à Paris le rencontrer et le menace. Boulanger refuse toujours.

– Vous avez gagné la guerre, lui dit-il. Vous avez donc le droit de nous prendre nos camions : ce sont

---

[1]. Collabo : collaborateur. Personne qui aidait les Allemands pendant la guerre.
[2]. Nationalisé : qui appartient à l'État.

des véhicules militaires [1]. Mais la TPV, elle, n'est pas une voiture militaire.

Le courage de Boulanger était une chose très rare, en ces temps difficiles. Les Allemands essaient autre chose pour tenter de plaire à Boulanger. Un matin, un gros camion militaire apporte au quai de Javel une des rares Volkswagen déjà construites. Tout de suite, Boulanger fait mettre la voiture allemande sous des bâches * et interdit à tous, ouvriers et ingénieurs, d'essayer de la voir. L'employé de Citroën un peu trop curieux qui voudrait soulever les bâches serait immédiatement renvoyé. Ferdinand Porsche, l'inventeur de la Volkswagen vient lui aussi à Paris. Il demande à voir la TPV. Mais la porte du bureau d'études reste fermée. Porsche doit repartir pour l'Allemagne, accompagné de sa Coccinelle, toujours sous les bâches. Le vilain petit canard a gagné une bataille.

Sauvée par l'amour

Au début de 1942, en URSS ou en Afrique, la guerre semble changer de visage. Les Alliés avancent. Boulanger décide alors de recommencer les travaux sur la TPV. Mais il y a très peu de matériel. Les ouvriers volent de l'essence, des tôles. La nuit, ils démontent les camions T 45 qu'ils fabriquent pendant la journée pour l'ennemi. Ensuite, ils apportent ce qu'ils ont volé aux ingénieurs et ouvriers qui font les essais. Mais il en faudrait cent fois plus pour faire rouler la TPV sur la piste de la Ferté-Vidame.

Comme beaucoup d'autres usines françaises, Citroën est surveillée par un officier allemand. Quand il vient visiter l'usine de Levallois, personne ne le regarde, personne ne lui parle. C'est comme s'il n'existait pas.

---

1. Militaire : qui appartient à l'armée.

Un jour, dans un couloir, l'officier voit apparaître une jeune secrétaire de la direction. Les deux jeunes gens se regardent, se sourient. Plus rien n'existe autour d'eux. La guerre et même la TPV sont oubliées.

Quelques jours après, la tôle, l'essence, l'aluminium, les pneus arrivent sans problème à l'usine. Et, par amour, l'officier allemand fera beaucoup plus : il aidera des ouvriers qui se cachent, il remettra en liberté des prisonniers, il donnera des faux papiers. Après la Libération, le bel officier et la jolie secrétaire seront cachés par les usines Citroën. On dit que, depuis, nos deux amoureux se sont mariés, qu'ils sont heureux, qu'ils ont eu beaucoup d'enfants et... une 2 CV !

PJB en visite à la Ferté-Vidame

Après la guerre, les essais et la fabrication de la future 2 CV reprennent et ne s'arrêteront plus jusqu'à sa présentation au public en 1948. Il y a eu quarante-neuf voitures d'essai en douze ans ! Et dans chacune de ces voitures, combien de changements !

PJB vient lui-même les essayer. Tout le monde a été prévenu depuis deux jours et a préparé la voiture avec soin. Les ouvriers savent qu'on ne peut pas tromper le patron : il se souvient de toutes les choses qu'il a demandées depuis le début.

Le voici qui arrive à la Ferté-Vidame, maigre, le chapeau sur la tête, la cigarette aux lèvres. On veut l'aider à tourner la manivelle, à ouvrir la porte, à s'asseoir...

– En arrière, messieurs ! Laissez-moi faire ! Je veux me mettre à la place du client.

Il demande à deux ou trois ingénieurs de l'accompagner sur la piste. Ils entrent et s'assoient comme ils peuvent à l'arrière. La voiture part. Dans un tournant qu'il prend à toute vitesse, PJB parle enfin :

– Elle penche trop vers la droite.

Les ingénieurs ne répondent pas. Ils ont compris. Il faut refaire la suspension.

Voici quelques exemples, parmi beaucoup d'autres, de cette surveillance impitoyable.

La suspension

Durant les essais, Boulanger veut que ses jambes ne sentent pas le moindre tremblement. Quand il dit : « je la sens dans mes jambes », tout est à refaire. Il a fait faire un bout de route très mauvais : la 2 CV ne doit pas sauter plus de deux fois. Sur le siège arrière, les ingénieurs comptent à voix basse : « Une, deux... trois. Au travail ! » C'est grâce à ce bout de route que la 2 CV aura, dès 1947, cette suspension qui lui donne encore cette allure bizarre, mais qui la mènera du Sahara à la cordillère des Andes.

Le poids

La 2 CV ne dépassera pas quatre cents kilos, commande et répète cent fois Boulanger. Un jour, un ingénieur lui en propose une qui dépasse ce poids. « Inutile que je vienne voir » répond-il. Puis il fait démonter ce prototype en entier. Chaque pièce est examinée. On enlève quelques grammes ici ou là. Quelqu'un de très sérieux propose de faire des vis* et des boulons* creux ! Un autre veut remplacer la pédale* d'accélérateur* par un fil que l'on tire à la main. Boulanger est obligé de le reconnaître : son bébé ne peut plus maigrir. Par rapport à ce qu'il voulait, les sièges ont pris six kilos, les portes deux kilos et les phares trois kilos de trop. Les phares, oui ! Car maintenant il y en a deux : c'est obligatoire. Ulysse-PJB doit tuer le Cyclope.

Pierre-Jules Boulanger fait lui-même les essais.

Le démarreur

Boulanger, nous l'avons vu, n'aime pas l'électricité. Une batterie, cela pèse trop lourd. Aussi le moteur devra démarrer avec une ficelle, comme un bateau. Autre solution, la manivelle. Boulanger emmène souvent sa fille aux essais. Toujours sa vieille idée : il faut que la voiture puisse être conduite par une jeune femme sans expérience. Mlle Boulanger est donc au volant. Le moteur s'arrête. Elle essaie de tirer sur la ficelle. Pas un bruit. Il fait chaud, la pauvre jeune femme se fatigue. Cette fois encore, Boulanger cède :

– Messieurs, nous sommes obligés de fabriquer un démarreur électrique. En combien de temps pouvez-vous me le faire ?

Le démarreur est prêt au bout de quelques jours. Les ingénieurs avaient tout prévu. Boulanger sait aussi reconnaître ses erreurs.

Les sièges

Oui, Boulanger se trompe parfois. Par exemple, il n'aime pas du tout les sièges, ces toiles tendues sur des élastiques entre des tubes de fer. Il les trouve trop durs.

– Ils ne sont pas assez souples, dit-il au jeune ingénieur qui les a fabriqués. Je vous avais pourtant donné tous les chiffres pour qu'ils soient assez confortables.

Or, le jeune ingénieur avait bien respecté les ordres. Les sièges étaient exactement comme le patron les voulait. Il installe alors sous celui du conducteur une aiguille dont la pointe tournée vers le haut est exactement à la hauteur demandée. Boulanger revient, s'assoit et se pique. Il ne parlera plus jamais des sièges...

Un de ces sièges est exposé aujourd'hui encore au musée d'Art moderne de New York.

Le chauffage

Installer un système de chauffage dans la 2 CV, ce serait trop cher et trop lourd. « D'ailleurs, dit Boulanger, les paysans sont solides, ils n'ont pas froid, eux. » Les mécaniciens, qui ne sont pas des paysans, roulent parfois huit heures par jour sur la piste de la Ferté-Vidame, en plein hiver. Le vent froid entre partout dans la petite voiture. Un jour, un mécanicien tremblant, malade, décide d'ouvrir un trou en cachette pour faire entrer l'air chaud du moteur. Ça va mieux ! Bien sûr, ce n'est pas Tahiti, mais ce n'est plus l'Alaska ! Quelqu'un prévient Boulanger :

– On a fait un trou dans la carrosserie.

Très en colère, Boulanger arrive tout de suite. Il veut quand même comprendre pourquoi on a osé faire ce trou dans sa TPV. Il se met au volant et démarre. Une douce chaleur entre dans la voiture. Il félicite le mécanicien qui a trouvé le système de chauffage de la future 2 CV.

Sortie à la campagne

Maintenant, la TPV — c'est toujours ainsi qu'on l'appelle — peut se promener dans la campagne. Tôt le matin, on la fait entrer dans le camion-hôpital et, dans un endroit désert, elle peut respirer l'air frais sur les chemins les plus mauvais, sur les pentes les plus difficiles. Derrière, suivent les Tractions avant des ingénieurs. Un jour qu'on essaie ainsi un de ces prototypes, tous les chiens du voisinage se précipitent vers elle, lui mordent les pneus au risque de se faire écraser. On tente bien de chasser les animaux en ouvrant et en fermant brusquement les portes ou en essayant de leur donner des coups de manivelle. Il n'y a rien à faire. Les chiens continuent de poursuivre la TPV comme une bande de loups[1]. Pourtant les animaux ne s'intéressent pas du tout aux autres voitures ni au camion-hôpital. Seule la voiture d'essai semble les mettre en colère. Au retour à l'atelier, un ingénieur s'aperçoit que la nouvelle suspension fait un bruit que l'oreille humaine n'entend pas, mais qui peut rendre fou le plus doux et le plus gentil des chiens...

La beauté

Flaminio Bertoni, « l'artiste », travaille sur les formes de la voiture, qui prendra vite l'allure qu'on lui connaît aujourd'hui. Il la fait peindre d'un jaune éclatant.

---

1. Loup : animal de la famille du chien.

Boulanger refuse : elle sera d'un gris bien triste, bien laid, car elle n'aura pas de peinture et seulement la couleur du métal. Il ne faut pas que la 2 CV soit jolie parce que les gens auraient peur de l'abîmer. Elle sera un outil de travail, et rien d'autre. En attendant, elle est aussi, pour PJB, un bon moyen de connaître ses employés. Il leur montre sa TPV. Si on dit : « Oh, bravo, monsieur Boulanger ! Quelle beauté, quelles formes artistiques ! », PJB rit et s'en va sans rien dire. Il ne veut pas de compliments, mais la vérité. Une fois pourtant, il accepte de la rendre un petit peu moins laide. Mme Boulanger vient un jour pour donner son avis. Elle voit l'intérieur des portes, nues comme si elles sortaient de l'usine :

– Non, Pierre, c'est trop laid. Mettez quand même un peu de tissu. Ce n'est pas lourd, le tissu.

PJB fait faire ce que sa femme lui a demandé. Il a peut-être pensé à ce moment-là que les paysannes qui vont vendre leurs œufs au marché aimeraient bien avoir, elles aussi, un peu de confort.

CHAPITRE 2

EN ROUTE POUR L'AVENTURE

*U*NE PETITE OUVRIÈRE : LA 4 CV RENAULT

Après cinq ans de guerre, il faut reconstruire ponts, routes, rails, usines. Mais les Français ont aussi un grand besoin de s'amuser, de profiter de la liberté retrouvée. À Paris, les jeunes gens se précipitent dans les caves pour écouter du jazz, dans les cinémas pour voir les westerns américains longtemps interdits et à la terrasse du café des Deux-Magots pour essayer d'apercevoir Jean-Paul Sartre.

On rêve de vitesse, de routes libres et de vent sur le visage. Dans les voitures d'avant-guerre ou dans les jeeps américaines laissées par les armées alliées, on s'entasse comme on peut et on appuie sur l'accélérateur.

Mais, de plus en plus, la voiture devient un outil de travail : le monde a changé, il faut se déplacer plus qu'avant pour aller de chez soi jusqu'à son travail... Chez Citroën, les différentes séries de Tractions avant connaissent un grand succès auprès des classes moyennes. Mais la TPV n'est toujours pas née.

Renault est maintenant une « régie nationale ». C'est donc elle qui doit construire la Volkswagen française, la voiture du peuple. La 4 CV Renault, préparée en secret pendant l'Occupation, apparaît au Salon de l'auto de 1946. C'est elle, la Très Petite Voiture ! Citroën est trop en retard.

Avec son arrière plongeant qui cache le moteur, avec ses formes rondes et courtes, la 4 CV ressemble un peu à sa grande sœur allemande, celle que personne n'appelle encore la Coccinelle. C'est un succès immense. On la trouve « mignonne », amusante, mais surtout pas chère. Elle intéresse les jeunes mariés qui auront bientôt un ou deux enfants. Car on se marie beaucoup, on a beaucoup d'enfants dans ces années d'après-guerre que l'on appellera « années du baby-boom ».

Les usines Renault, bombardées pendant la guerre, ont vite été reconstruites sur l'île Seguin, à Billancourt, dans la banlieue parisienne, là où plus de cinquante ans avant, Louis Renault avait construit sa première voiture. Grâce aux dollars du plan Marshall et à l'enthousiasme des ouvriers « nationalisés », cent cinquante 4 CV sortent tous les jours de l'usine. Les usines Renault vont bientôt devenir « la forteresse ouvrière [1] ». La 4 CV, elle, ne sera pas conduite en sabots, mais en « bleu de travail [2] ». La bataille va bientôt commencer entre la voiture des ouvriers et celle des paysans. C'est ce qu'on pense dans les bureaux de Renault et de Citroën. La réalité sera bien différente...

La 4 CV sera fabriquée jusqu'en juillet 1961. Elles seront un peu plus d'un million à rouler sur les routes de France (1 105 543 exactement). Renault réussira même à construire une usine de 4 CV au Japon. Mais la petite ouvrière vivra trente ans de moins que la 2 CV et se vendra à peu près six fois moins.

En attendant, la 4 CV est la vraie petite voiture des années cinquante. On dit qu'elle est dangereuse. On en voit contre les arbres, le long des routes nationales à deux voies. Elle « ne tient pas la route ». Le moteur

---

1. Forteresse : château bien protégé contre les ennemis. L'expression « forteresse ouvrière » signifie que Renault, entreprise nationalisée, défend les intérêts des ouvriers français.
2. Bleu de travail : costume de travail des ouvriers, de couleur bleue.

La 4 CV est la vraie petite voiture des années cinquante.

tombe en panne souvent. Elle brûle trop d'essence. Les enfants, qui grandissent, ont du mal à mettre leurs jambes à l'arrière. Les paysannes dont rêvait PJB pour sa TPV n'oseraient pas mettre un panier d'œufs dans le coffre, placé à l'avant. En arrivant au marché, il n'y aurait plus qu'une belle omelette ! C'est sans importance ! On voit partout des 4 CV : sur la route des vacances, en Bretagne, sur le chemin de l'usine ou du bureau, tous les matins et tous les soirs. Elle est bien la petite voiture française de ces dix années-là.

Mais quand Renault arrêtera de la fabriquer, elle disparaîtra tout de suite des routes de France. Elle n'intéressera pas les collectionneurs qui gardent certaines autres voitures dans un garage et les soignent comme de vieilles amies en attendant souvent de les revendre des années plus tard, beaucoup plus cher.

Les Français ont acheté beaucoup de 4 CV parce qu'elle était utile. Mais jamais ils n'en ont été amoureux. Les deux seules petites voitures dont on sera vraiment amoureux s'appelleront la 2 CV et la Volkswagen. La 4 CV n'avait pas le charme du canard du quai de Javel et de la Coccinelle allemande. Elle est pourtant la mère des petites voitures françaises d'aujourd'hui.

*T*PV : LA TOUJOURS PAS VUE

Pendant que la toute nouvelle 4 CV s'en va sur les routes de France, la TPV tourne toujours sur sa piste de la Ferté-Vidame. Citroën n'a pas eu droit aux dollars du plan Marshall ni aux machines-outils américaines.

En 1948, Boulanger dit partout, surtout dans les journaux, que si la TPV n'existe pas encore, c'est la faute du gouvernement qui veut défendre « sa » 4 CV à 245 000 francs de l'époque. La TPV, elle, ne coûtera que 150 000 francs. En fait, elle sera quand même un peu plus chère.

Quelques heures avant l'ouverture du Salon de l'automobile, PJB déclare à un journaliste qu'il n'y aura pas de TPV montrée au public cette année. À cause du gouvernement...

Les journaux commencent à se moquer de lui : la TPV n'existe pas. TPV ne veut pas dire « Très Petite Voiture » mais « Toujours Pas Vue » ! D'autres écrivent que Citroën n'a pas besoin de fabriquer d'autres voitures en ce moment : les Tractions avant se vendent tellement bien ! Que Citroën fasse ce que l'usine sait faire : des belles voitures et qu'elle laisse à Renault l'automobile de l'ouvrier.

« D'ailleurs, continue le journaliste, demain, dans deux ans, dans trois ans, les Français voudront-ils encore des petites voitures ? » Tout le monde croit que la France va devenir bientôt une petite Amérique et donc que ses voitures vont imiter celles des États-Unis.

Deux reporters réussissent à entrer en secret à la Ferté-Vidame. Ils voient quelques vieux prototypes de TPV, les photographient. Et leur journal peut dire le lendemain que la fameuse TPV ne sera jamais montrée au public. Il est impossible que les « choses » qu'ils ont vues roulent plus d'un kilomètre.

Un adjoint du ministre de l'Économie n'a pas la chance de ces deux journalistes. Quand il arrive à l'entrée de l'usine Citroën, on lui dit :

– Vous n'entrerez pas ! Les Allemands eux-mêmes ne sont pas entrés chez nous pendant la guerre.

Personne ne saura jamais ce que veut Boulanger à ce moment-là. Sa colère contre Renault et le gouvernement est-elle vraie ? Les journalistes qui ont réussi à entrer à la Ferté-Vidame n'ont-ils pas été un peu aidés ? Tout le monde rit de son projet de TPV, tout le monde se moque de Boulanger. On rit, mais on en parle !

LE SALON DE L'AUTO DE 1948

Ce 7 octobre 1948, le président de la République, Vincent Auriol, accompagné de tous ses ministres, entre au Grand Palais pour visiter le Salon de l'auto. Renault expose sa 4 CV, Peugeot sa 402 et sa 203 aux allures de voiture de course.

On raconte une petite histoire à propos de Peugeot et de ses voitures. Chaque modèle a comme nom un numéro à trois chiffres : 203, 204, 404, 105, etc. Elle a toujours un zéro comme deuxième chiffre car, sur les anciennes voitures, ce zéro était le trou où l'on mettait la manivelle.

Sur le stand Citroën, des gardiens habillés de blanc surveillent, depuis le matin, une voiture couverte de

Au Salon de l'auto de 1948, la 2 CV apparaît enfin.

bâches pour la protéger des journalistes trop curieux. Pendant que Pierre-Jules Boulanger serre la main du président de la République, les hommes en blanc enlèvent les bâches.

Et la 2 CV apparaît, grise sous son toit en toile, ses deux phares étonnés de voir tant de monde. Pendant que Boulanger explique que cette voiture est révolutionnaire, que les paysans..., que les œufs..., ministres et généraux se regardent. Quelques-uns cachent leur bouche derrière leur main pour ne pas rire, d'autres pensent : « Je fais un mauvais rêve... » Boulanger demande au président de la République d'appuyer sur l'aile. La 2 CV bouge doucement et longtemps. Jamais on n'avait vu une voiture aussi légère. Et le Président trouve cela tellement amusant qu'il appuie encore, de plus en plus fort.

Le Président parti, voici maintenant la foule des Parisiens. Eux, ils n'ont pas peur de dire ce qu'ils pensent :

– On dirait un chameau [1], dit l'un.

– Ils donnent l'ouvre-boîtes avec ? demande l'autre.

– La carrosserie ressemble à du carton !

– Oh, qu'elle est laide !

– Ce n'est plus à la mode depuis dix ans ! Regardez la 4 CV et la 203. Voilà des voitures modernes !

– Il faudrait me payer pour que je conduise ça !

– Jamais ma femme ne voudra monter là-dedans ! Que diraient les voisins ?

Tout le monde la secoue. Bonne fille, la 2 CV se laisse faire et danse de droite à gauche. Elle est patiente. Elle attend son heure.

Les journalistes, eux aussi, se moquent d'elle dans leurs journaux :

« Avec un moteur aussi peu puissant (375 cm^3) jamais elle ne pourra transporter quatre personnes et 50 kilos de bagages comme le dit la publicité ! »

Ou encore :

« Ce moteur ne pourra jamais dépasser les 35 kilomètres à l'heure. Quand Boulanger dit qu'elle ira à 50 kilomètres à l'heure, il ment. »

Un dernier écrit enfin :

« Les Français ne voudront jamais de cette chose. Ils aiment trop les jolies voitures. »

Le petit canard doit pourtant être bien intéressant car les commandes arrivent par centaines dans les

---

1. Chameau : grand animal qui vit dans le désert.

agences Citroën de tout le pays. Un collaborateur de PJB peut alors répondre aux journalistes :

« Les deux meilleures voitures du monde sont la Rolls-Royce et la 2 CV. »

La Rolls-Royce ! Le vilain petit canard n'a peur de rien ni de personne, pas même du grand cygne [1] royal de Buckingham Palace !

UNE NAISSANCE DIFFICILE

Il faut maintenant la fabriquer. Les premiers modèles sont faits presque entièrement sans machine : au total, quatre ou cinq 2 CV sont fabriquées par jour. Contre cent cinquante pour son « ennemie » de l'île Seguin, la 4 CV.

Les usines Citroën ne peuvent pas répondre aux milliers de demandes. Il faut d'abord attendre trois ans, puis six ans entre le moment où on a commandé sa 2 CV et le moment où on peut s'asseoir derrière le volant. Les clients protestent. Les journaux répètent ces protestations. On dit même que la fabrication de la voiture sera bientôt arrêtée.

Boulanger répond par une nouvelle idée :

– Je veux d'abord savoir si les premiers conducteurs de la 2 CV sont contents de leur voiture. Il est inutile de faire cinq cents voitures par jour, si ça fait cinq cents clients en colère !

Et il demande à tous ses vendeurs de savoir qui sont les gens qui veulent acheter la 2 CV. « Il faut que ce soit, dit-il, des paysans, des petits commerçants, des curés [2] de campagne, des infirmières », bref, des gens au petit salaire et qui se servent de leur voiture pour travailler. Les vendeurs envoient donc des questionnaires aux demandeurs de 2 CV. Des inspecteurs

---

1. Cygne : oiseau de la famille du canard, plus grand et tout blanc.
2. Curé : homme d'Église (catholique).

viennent de Paris pour voir les clients chez eux et savoir si, oui ou non, ils ont vraiment besoin de la petite Citroën. Attention au vendeur qui voudrait offrir une 2 CV à son oncle Anatole !

Ce qui est rare est cher, dit-on. La 2 CV n'est pas chère, mais elle est tellement rare au début des années cinquante qu'elle devient un objet de luxe et d'envie. Quand on en voit une le long d'un trottoir, on se précipite autour, on en parle. Le journaliste local en fait une photo et interviewe son propriétaire. Voiture de travail, la 2 CV est tout de suite aussi une voiture de loisirs. Plus tard, c'est la 2 CV de loisirs qui gagnera sur la 2 CV de travail.

À la fin de l'année 1949, huit cent soixante-seize 2 CV seulement sont sorties de l'usine et un peu plus de six mille l'année suivante. Elle n'atteindra les cent mille exemplaires qu'en 1956. Pendant vingt ans elle continuera à être fabriquée à plus de cent mille exemplaires par an.

Mais Pierre-Jules Boulanger ne le saura pas. En 1950, il meurt, comme son ami Michelin, dans un accident de la route, en essayant une 11 CV équipée du moteur de la future DS. Cette DS, qui verra le jour en 1955, sera aussi une voiture révolutionnaire. Mais c'est encore une autre histoire, une histoire de grosses voitures.

Les premiers deuchistes

Lors du Salon de 1948, la 2 CV n'avait même pas de moteur. Il ne sera présenté qu'au Salon suivant. Et en décembre 1949, les dix premières 2 CV arrivent chez les acheteurs. Ces dix heureux propriétaires vont déjà transformer leur nouvelle voiture selon leurs goûts et leur métier ou vont connaître avec elle de drôles d'aventures. Voici quelques exemples de ce qui est arrivé à quelques-uns de ces dix premiers « deuchistes », comme on appellera plus tard les propriétaires de 2 CV.

Vêtements du dimanche

Quelques mois après avoir reçu sa 2 CV, un fermier de la Charente demande au quai de Javel deux autres ailes avant. En effet, chaque fois qu'il entre dans sa ferme, les ailes touchent le mur. Cela lui est égal d'avoir une voiture en mauvais état quand c'est pour aller aux champs. Mais le dimanche, on se moque de lui au village ! Citroën se dépêche de lui envoyer ce qu'il demande. Maintenant, chaque dimanche matin, il enlève les ailes cabossées [1], sort de sa ferme, met en quelques tours de vis les ailes neuves et peut ainsi se rendre à la messe sans faire rire les voisins. Il lui suffira de faire l'opération dans le sens contraire en rentrant. Comme un vrai paysan de ce temps-là, cette 2 CV a ses vêtements de travail et son costume du dimanche.

Un âne à l'arrière

Parmi les autres dix premiers conducteurs de 2 CV, un marchand de bonbons au miel. Déguisé en Savoyard, il va sur les marchés avec son âne qui porte la marchandise dans deux paniers. Maintenant qu'il a sa 2 CV, notre marchand de bonbons peut aller dans tous les marchés de la région : il a enlevé les sièges arrière. L'âne s'y installe et goûte ainsi les joies de la vitesse ! Par la suite, de nombreux animaux voyageront sur le dos du petit canard. Ainsi, en 1966, en Tunisie, on emmènera un chameau malade chez le vétérinaire [2] à l'arrière d'une 2 CV transformée en ambulance !

Commedia dell'arte

L'acteur de théâtre Daniel Ivernel est l'un des dix premiers propriétaires de 2 CV. Fait-il partie, comme

---

1. Cabossé : déformé par les coups.
2. Vétérinaire : médecin qui soigne les animaux.

La 2 CV entre peu à peu dans le paysage français.

le voulait Boulanger, de ces pauvres gens qui ont tellement besoin d'elle pour travailler ? L'histoire ne le dit pas. Dès qu'il reçoit sa 2 CV, il part de Versailles vers l'Italie, vers Rome. Sur les routes de France, le jeune acteur connaît son premier grand succès. Mais peut-être est-ce la voiture qu'on applaudit. En Italie, ce n'est pas pareil : on l'entoure, on éclate de rire. Pourtant, Daniel Ivernel préfère jouer des tragédies !

Et puis, lentement, la 2 CV va entrer dans le paysage français. Bientôt plus personne ne se retournera en voyant passer l'une d'elles. Le rêve de PJB est-il en train de devenir réalité ? L'ancienne Très Petite Voiture devient le meilleur outil de travail dans les mauvais chemins ou dans la montagne. Dès le début des années cinquante, certaines sont vendues sous forme de camionnettes.

« Rien ne l'arrête, dit la publicité, ni la neige ni la pluie, ni le sable, ni la boue ! »

« ... ni ses freins ! » écrit parfois un fantaisiste au-dessous de l'affiche.

Bien sûr, elle a souvent du mal à s'arrêter, et parfois à démarrer... Mais quand elle est en route, cette casserole est solide comme le rocher et peut parcourir des milliers de kilomètres sans une panne.

Un jour de 1953, à l'Assemblée nationale, un député demande que les vélos des facteurs des Postes soient remplacés par des camionnettes 2 CV. Une expérience est commencée depuis l'année précédente en Alsace. Le député gagnera : treize ans plus tard, en 1966, dix mille soixante-dix 2 CV de la Poste iront porter les lettres dans toute la France. Les 2 CV des facteurs alsaciens parcourront plus de cent cinquante mille kilomètres en dix ans.

L'AUTOMOBILE, REINE DE FRANCE

La vie des Français va connaître bien des changements au cours des vingt années qui suivent. L'industrie se modernise à grande vitesse. La campagne aussi. Les paysans, devenus « agriculteurs », ont mis leurs sabots au feu ou les ont vendus à des touristes de passage. Dans les campagnes, on conduit sa 2 CV, son tracteur ou sa machine agricole en bottes de caoutchouc. Les agriculteurs les plus modernes, eux, préfèrent placer les œufs de leur élevage industriel dans des boîtes et les emporter à la ville sur des camions.

Le travail ne manque pas, surtout dans l'industrie automobile. Les fils des paysans en sabots de Pierre-Jules Boulanger sont partis en ville et habitent dans la banlieue, dans ces immeubles appelés « grands ensembles ».

La voiture change, elle aussi. Ce n'est plus un objet de luxe comme avant la guerre. De plus en plus de gens peuvent s'en payer une. Mais ce n'est pas non plus un simple outil de transport ou de travail. Les Français veulent maintenant des voitures confortables, rapides et belles. Des voitures qui donnent du plaisir, mais qui montrent aussi que leur propriétaire a réussi.

Un film de 1961, *la Belle Américaine*, de Robert Dhéry raconte les aventures amusantes d'une famille d'ouvriers qui ont gagné à un concours une magnifique Cadillac rose. Dans une séquence, le père de cette famille fait rouler sa « belle Américaine » dans une rue de Paris. Un vieux monsieur très élégant la regarde et s'indigne : « Comment peut-on avoir une telle voiture et pas de chauffeur [1] ? » Puis il monte dans sa 2 CV. Un chauffeur lui a ouvert la porte.

Dans la réalité, les « belles américaines » sont rares sur les routes de France. Mais, avec le début du Mar-

---

1. Chauffeur : personne payée pour conduire une voiture.

ché commun européen, les voitures étrangères commencent à passer les frontières. Voici, pour les riches, les luxueuses Mercedes allemandes, les sportives Alfa-Roméo italiennes, les rapides Jaguar anglaises. Les constructeurs français sont en retard face à ces belles voitures. Citroën, par exemple, ne répondra qu'en 1955 avec la DS.

Les autres pays européens proposent eux aussi des petites voitures, pour les moins riches : la Volkswagen, bien sûr, mais aussi les petites Fiat italiennes, l'Iseta et sa forme d'œuf ou encore la Mini-Austin anglaise, cadeau qu'offrent les parents des beaux quartiers à leur fille qui vient d'avoir son baccalauréat.

Les constructeurs français se défendent, chacun à sa manière. Renault continue à vendre très bien sa 4 CV, mais a lancé dès 1948 la Dauphine, aux allures plus jeunes, plus sportives. En 1949, voici la Frégate, plus grande. Peugeot lance sa solide 403 destinée aux familles. Cette 403 finira bien plus tard à la télévision américaine entre les mains de l'inspecteur Colombo !

Simca, filiale de Chrysler, tente de répondre au rêve américain des Français de ces années-là et propose la « Versailles », la « Chambord », des noms de châteaux pour des carrosseries qui ressemblent aux « belles américaines »... Avec un mètre de moins !

En vingt ans, entre 1945 et 1965, le parc automobile en France est passé de sept cent mille à près de huit millions et demi de voitures pour bientôt cinquante millions d'habitants. La 2 CV est maintenant celle qui se vend le mieux. Il y en a plus d'un million et demi qui vont sur les routes à la fin de ces années-là.

Mais, pendant ce temps, les routes ne changent pas beaucoup. Il n'y avait que 22 kilomètres d'autoroute à la fin de la guerre. Il n'y a encore que 653 kilomètres en 1965. Les routes normales, dont la Nationale 7, la « route des vacances » chantée par Charles Trenet, n'ont souvent que deux voies avec des arbres de chaque côté. Les Français aiment la vitesse. Mais l'accident est souvent au bout de la route. Et si ce n'est pas l'accident, c'est au moins un gros camion que votre Renault 16 toute neuve doit suivre pendant des heures. On prend alors de grands risques pour doubler ce « poids lourd » caché derrière sa fumée noire... en attendant d'être ralenti, quelques kilomètres plus loin par une petite 2 CV toute grise qui roule à 50 kilomètres à l'heure.

« Encore une 2 CV dit le conducteur pressé. On ne peut pas faire un kilomètre sans en voir une ! »

Oui, la 2 CV est partout. Elle a même fait le tour du monde.

Les chemins de l'aventure

Dès le début des années cinquante, la 2 CV va partir sur tous les chemins de l'aventure.

En 1951, une 2 CV fait le tour de la Méditerranée : cinq semaines de Paris à Paris, 132 588 kilomètres et pas une seule panne. L'un des deux aventuriers, Michel Bernier, recommence deux ans plus tard. Cette fois, il traverse l'Afrique du Cap à Alger : 1 755 kilomètres de pistes. Arrivé à Marseille, Bernier décide de remonter jusqu'à Oslo, en Norvège. De là, il prend le départ, pour le rallye de Monte-Carlo. Il ne sera pas classé : il est tombé en panne à deux cents kilomètres de l'arrivée !

D'autres font les trente mille kilomètres qui séparent Paris de l'Afghanistan. D'autres encore, en 1954 suivent en 2 CV, pour la première fois, et avec quinze ans d'avance, les chemins de Katmandou et de l'Inde...

Bien sûr, ces aventuriers n'attendent pas trois ou six ans la livraison de leur voiture. Il suffit d'avoir un dossier bien préparé et de se rendre au quai de Javel. Quelques jours plus tard, l'usine de Levallois s'ouvre sur la nouvelle 2 CV, prête pour le long voyage.

Le plus célèbre de ces voyageurs — on disait alors en bon français « globe-trotter » — s'appelle Jacques Cornet. On le reconnaît facilement : il ne se sépare jamais de sa pipe [1] ni... de sa 2 CV. En 1953, il part de Paris, en 2 CV bien sûr, avec son ami Henri Lochon, pour traverser les deux Amériques, du nord du Canada au sud de la Terre de Feu. 51 300 kilomètres. Arrivés en Bolivie, une idée leur vient :

– Si la 2 CV devenait la voiture la plus haute du monde ?

Devant eux se dresse le mont Chacaltaya, 5 420 mètres ! Elle monte, la courageuse petite 2 CV. Mais l'air est rare, les hommes ont du mal à respirer, l'essence a du mal à arriver jusqu'au moteur. Le brave petit canard se fatigue. On commence par jeter les bagages. Henri Lochon descend à son tour, puis on enlève les portes, les ailes avant, la porte du coffre, le siège arrière. Bravo, petite 2 CV ! C'est fait ! Jacques Cornet est arrivé en haut. Jamais une voiture n'est montée aussi près des étoiles. Le reste du voyage ne sera pas une simple promenade. Quand la 2 CV arrivera enfin au bout de la Terre de Feu, elle deviendra aussi la voiture la plus au sud du monde.

Faut-il, pour rentrer à Paris aller attendre à Buenos Aires un bateau qui les emmènera au Havre ? Jacques Cornet trouve ça un peu idiot. Il est bien obligé de traverser l'océan Atlantique en bateau : la 2 CV ne sait pas nager... pas encore ! Les deux hommes arrivent en Afrique et le voyage continue, jusqu'à Paris enfin.

De retour à Paris, en 1954, Jacques Cornet connaît les deux Amériques et l'Afrique. Il ne lui manque plus que l'Asie. Il repart en juillet 1956 en direction du Japon. Il va camper au pied du Fuji-Yama. Au bout de neuf mois, il est de retour à Paris. Le compteur kilométrique

---

1. Pipe : objet en bois que certains fumeurs préfèrent à la cigarette.

Pour continuer de rouler, on enlève les bagages, puis les portes et les ailes avant.

marque 44 200 kilomètres ! Citroën a compris tout ce que ces voyages pouvaient lui rapporter. En 1957, le constructeur lance « le prix Tour du monde ». Un million de francs de l'époque récompensera la 2 CV qui aura fait le voyage le plus intéressant. L'année suivante, deux équipes gagnent le prix : la première a visité les mines de diamants sud-africaines, la seconde a suivi les Lapons du Grand Nord scandinave.

Un canard autour du monde

En 1958, Jacques Séguéla n'est pas encore le plus célèbre publicitaire de France, qui sait vendre aussi bien un président de la République qu'une marque de lessive [1]. Mais, à vingt-cinq ans, cet étudiant de Perpi-

---

1. Lessive : savon en poudre pour laver le linge.

gnan a déjà le sens de la publicité. La 2 CV a vu tous les pays du monde ou presque, se dit-il. Mais elle n'a pas encore fait le tour de la Terre. Aussitôt dit, aussitôt fait. La 2 CV de Séguéla et de Jean-Claude Baudot descend tout le continent africain, traverse l'Atlantique en bateau jusqu'à Rio, remonte vers Los Angeles. Puis, c'est l'Océanie, Hawaï et Manille. La 2 CV peut se reposer sur le bateau. Une 2 CV n'a pas le mal de mer. Voici l'Asie, de Tokyo à la Turquie en passant par Saïgon et Delhi. Et l'Europe enfin : cent mille kilomètres en quatorze mois, plus de deux mille deux cents heures au volant, cinquante pays et huit déserts traversés. Séguéla gagne le prix, bien sûr. Mais surtout, plus tard, son agence de publicité aura Citroën comme premier client.

Jusqu'en 1971, les voyages en 2 CV se multiplient. Parmi les vainqueurs du prix, une famille française de six personnes. Les parents et quatre enfants de quatorze, onze, sept et trois ans doivent quitter le Laos pour revenir au pays natal. Le voyage sera long : huit mois dans une camionnette 2 CV, de Vientiane à Paris.

Le plus original de ces voyages est celui de Philippe Genty. Ce jeune artiste propose des spectacles de marionnettes[1] dont la vedette s'appelle Alexandre. Il va donner des spectacles dans trente-six pays et rencontrer les autres marionnettistes. Le spectacle va durer quatre ans. Alexandre sera applaudi aussi bien par les Indiens du Pérou que par les beatniks de San Francisco, par l'impératrice Farah Diba que par les paysans du Pakistan... La 2 CV est devenue une scène de théâtre internationale.

L'apparition de cette voiture bizarre attire les foules du monde entier. Dans le Sikkim, un petit pays situé entre l'Inde et le Tibet, le maharadjah Kumar, en la

---

1. Marionnette : poupée animée par des ficelles par le marionnettiste.

Cinquante pays et huit déserts traversés. Cent mille kilomètres en quatorze mois.

voyant passer conduite par un « globe-trotter », décide d'en acheter une. Il pourrait s'offrir une Rolls-Royce. Mais une Rolls-Royce ne peut pas monter les chemins de l'Himalaya. C'est ainsi qu'en 1958, la 2 CV est devenue voiture de prince.

PVU CONTRE TPV

PJB aurait-il accepté les changements qui, au cours des années, vont moderniser sa TPV ?

Dès 1951, elle possède une clé de contact* et même une serrure de porte pour le conducteur.

En 1957, on diminue la capote* grise qui tombait jusqu'à l'arrière. Elle a droit maintenant à une porte de coffre en métal. Deux couleurs s'ajoutent au gris ordinaire : le vert « embrun »[1] et le bleu « glacier ». Une dernière nouveauté, en 1958, qui aurait rendu Boulanger fou de colère : la Radioën, un poste à transistor qui se branche sur le système électrique de la voiture. Un jeune acteur inconnu du nom de Jean-Paul Belmondo fait même de la publicité pour elle. Mais cette radio n'a aucun succès : comment entendre les dernières informations sur la guerre d'Algérie ou la chanson d'un certain Elvis Presley, dans le bruit du moteur et du vent qui souffle à travers la carrosserie et les portes ?

Jusqu'en 1960, la 2 CV n'a pas connu de vraie concurrente. Les constructeurs ont multiplié leurs modèles, les techniques ont progressé, le confort aussi. Il y a des voitures pour tous les goûts et presque tous les porte-monnaie. Mais la 2 CV est seule à être aussi simple, comme l'avait voulu PJB : un parapluie sur quatre roues qui ne sert qu'à transporter des gens et des choses d'un endroit à un autre, sur tous les che-

---

1. Embruns : gouttes d'eau de mer soulevées par le vent et qui se transforment en pluie.

mins et par tous les temps. Elle reste la voiture la moins chère et qui consomme le moins d'essence.

Pourtant, notre vilain petit canard doit se sentir inquiet en cette année 1960. Renault prépare quelque chose contre elle. La fabrication de la 4 CV, maintenant complètement démodée, va s'arrêter l'année suivante. Dans l'île Seguin, on fabrique la R 4 appelée aussi 4 L (prononcer : quatre ailes). Quand Renault la montre au Salon, personne ne pense à s'en moquer ni à dire qu'elle est démodée. Elle n'est pas à la mode non plus. Elle n'est ni laide ni belle. Elle est, simplement. C'est une boîte de métal composée de deux rectangles : un pour le moteur, un pour les passagers. Il est impossible de lui donner le plus petit nom d'ani-

La 4 L sera la première vraie concurrente de la 2 CV.

mal. C'est simplement — très simplement — un petit véhicule utilitaire*, un PVU, aurait dit PJB ! Elle est blanche, mais si on la veut verte ou rouge, il suffit de demander. Et surtout, tout en n'étant pas beaucoup plus chère que la 2 CV, elle est bien plus confortable, plus rapide et plus puissante. Livreurs, petits commerçants, grands magasins, étudiants, ouvriers... et même les petits-fils des paysans en sabots de Boulanger vont se précipiter sur la 4 L. Les administrations aussi s'intéressent à la petite Renault : la police, l'Électricité de France... et bientôt les Postes qui abandonnent, elles aussi, la 2 CV. En vingt-huit ans, de 1961 à 1989, huit millions de 4 L seront fabriquées. Un million de plus que la 2 CV en quarante ans.

Notre canard va-t-il survivre à l'arrivée de la 4 L, sa première vraie concurrente depuis près de quinze ans ? La 2 CV continue d'être fabriquée à Levallois — l'usine du quai de Javel, nommé désormais quai André-Citroën, disparaît —, mais aussi à Rennes, à Ivry, en Belgique, en Espagne et au Portugal. Ou encore, en plus petite quantité, en Amérique du Sud et en Grande-Bretagne. Le tout à cent vingt ou cent trente mille exemplaires par an.

CHAPITRE 3

QUARANTE ANS ET TOUJOURS JEUNE

Rosalie ou Mimine

Les usines Citroën ont compris le danger de la 4 L. Dès 1960, la 2 CV est rajeunie. Elle n'a que douze ans, c'est encore un bel âge pour une voiture, en ce temps-là. On lui donne un capot tout neuf. Ses formes deviennent plus fines. Une nouvelle couleur est proposée aux clients : le jaune Panama, celui dont rêvait l'artiste Flaminio Bertoni pour sa TPV ! Le moteur est un petit peu plus puissant. Deux ans plus tard, l'intérieur change : on a mis par terre du caoutchouc et le reste des parties métalliques est couvert d'un tissu gris. Mais c'est surtout le tableau de bord qui a changé : il est entouré de plastique. Une nouveauté parmi d'autres : un compteur indique l'essence qui reste. Avant, il fallait sortir de la voiture, aller jusqu'à l'aile arrière droite, et plonger un bout de métal dans le réservoir pour savoir si on pouvait faire encore quelques kilomètres.

Malgré ces changements et ceux qui suivront, l'allure de la 2 CV ne changera jamais beaucoup. N'est-ce pas pour cette allure qu'on l'achète ? Boulanger s'était trompé : on aime sa 2 CV, on la trouve amusante et gentille. On la soigne, on la lave, on la décore, on lui donne des petits noms tendres : Trottinette, Rosalie, Mimine... C'est une amie que l'on quittera avec tristesse quand il faudra bien acheter une autre voiture, une « vraie » voiture.

La 4 L, elle, n'est ni une amie ni une ennemie. Elle est utile comme une cafetière électrique ou un réfrigérateur[1]. Personne n'a jamais été l'ami d'un réfrigérateur ou d'une cafetière.

DE DE GAULLE À JAMES BOND

Et plus les années passent, plus on aime la 2 CV. Elle est devenue l'image de la France et des Français. Ses voyages autour du monde l'ont rendue célèbre dans de nombreux pays. Les dessinateurs des journaux étrangers montrent souvent le général de Gaulle, la tête et le grand nez sortant d'une 2 CV, comme Don Quichotte sur Rossinante.

Elle devient même une star de cinéma. Elle est là pour la première rencontre entre Bourvil et Louis de Funès dans le film *le Corniaud* de Gérard Oury (1964). Bourvil joue un « Français moyen » qui part en vacances dans sa « Deux pattes ». De Funès est le chef d'une bande de gangsters qui conduit une grande voiture noire. La grosse voiture rentre à toute vitesse dans la 2 CV qui tombe en mille morceaux. Bourvil se retrouve assis sur la route au milieu des tôles, le volant entre les mains :

Bourvil (désespéré) : – Qu'est-ce que je vais devenir, moi, maintenant ?

De Funès (énervé) : – Un piéton !

Durant les années soixante, De Funès va souvent retrouver la 2 CV sur sa route dans une série de films qui fera rire la France entière : *le Gendarme de Saint-Tropez*. De Funès, gendarme toujours en colère, rencontre à chaque film une religieuse qui conduit sa 2 CV comme un pilote de course.

La 2 CV va même faire des apparitions à Hollywood, non loin des studios de Walt Disney où joue la Coccinelle Volkswagen. On peut voir la 2 CV dans

---

1. Réfrigérateur : appareil qui conserve la nourriture au froid.

American Graffiti de Georges Lucas (1973). Voici des jeunes qui préfèrent la petite 2 CV française au rock'n roll, aux « belles américaines » et à la guerre du Viêt-nam.

Personne ne pouvait deviner que le petit canard allait devenir, en 1981, une *James Bond girl*. Pourtant elle apparaît, toute jaune, dans *Rien que pour vos yeux* (*For your eyes only*), entre les mains de la très belle Carole Bouquet. Mais il ne faut pas perdre de temps. James Bond 007 (Roger Moore) est prisonnier du Méchant et de ses cent vingt jolies filles. La 2 CV arrive, conduite par Carole Bouquet, James Bond prend le volant... la 2 CV vole au-dessus de la route et roule dans les rues étroites de Corfou. Les méchants qui ont essayé de la poursuivre dans leurs rapides voitures noires se retrouvent tous sur le toit ou contre un arbre, tandis que la petite 2 CV jaune reprend son pas de canard.

À la sortie de ce film en France, Citroën a vendu quelques centaines de « 2 CV 007 », toutes jaunes et trouées de balles. Ces trous sont faux, bien sûr.

LES MODES PASSENT, LA 2 CV RESTE

En 1967, brusquement, la fabrication de la 2 CV baisse de moitié. Elle vient d'avoir deux filles : la Dyane et la Méhari. La Dyane, dont les formes font penser un peu à celles de sa mère, a été fabriquée pour faire de la concurrence à la 4 L de Renault. Elle n'y arrivera pas. La Méhari, elle, ressemble plutôt à une jeep, une voiture des pays chauds dont la carrosserie est en plastique. Cela fait déjà de nombreuses années que Citroën cherche à faire d'autres petites voitures que la 2 CV.

Déjà, en 1960, « l'artiste » Flaminio Bertoni avait dessiné l'AMI 6. Il voulait lui donner une forme faisant penser à la vitesse et à l'aérodynamisme *. Le résultat est un objet bizarre dont le toit semble avoir été écrasé. Les Américains disaient de l'AMI 6 : « C'est la seule voiture fabriquée après l'accident. » Pourtant, l'AMI 6 se vendra.

L'AMI 8 aussi bizarre, mais plus grande que l'AMI 6, vient s'ajouter aux petites voitures de Citroën. Mais, à Levallois, on cherche surtout à remplacer la DS, belle et vieillissante comme Greta Garbo.

On travaille donc sur de grandes voitures, les CX, qui coûteront très cher à Citroën. Trop cher. Comme tous les constructeurs automobiles, Citroën ne voit pas les sombres nuages qui se lèvent à l'horizon.

En 1968, la 2 CV a vingt ans. Les jeunes qui la conduisent aussi. Mais, à cet âge-là, maintenant, une voiture est vieille. Les Français sont devenus des « consommateurs ». Et ils consomment aussi beaucoup de voitures. Au bout de dix à quinze ans, la plupart des modèles ne sont plus fabriqués et disparaissent des routes et des villes, comme la 4 CV Renault.

Le moteur de ces voitures est souvent assez bon, mais, sur une d'entre elles, la peinture s'en va, sur une autre, les sièges arrière se déchirent, sur une troisième encore les poignées de porte ne tiennent pas. On garde sa voiture cinq ans et on essaie de la revendre d'occasion. Elles finissent souvent chez le ferrailleur [1].

La 2 CV ne connaît pas cette triste fin. Celui qui s'en sépare réussit toujours à la revendre, à un plus jeune ou un plus pauvre que lui. Il y a des 2 CV qui ont ainsi changé dix fois de propriétaire. C'est peut-être pour ça que l'on en vend moins de neuves : il n'y a pas de raison d'acheter une nouvelle 2 CV, si la vieille continue à rouler !

---

1. Ferrailleur : personne qui rachète les vieux métaux.

Plus d'essence, mais toujours des 2 CV

Mais voici le mai 68 des étudiants en 2 CV contre « la société de consommation » et les grèves des ouvriers en 4 L contre une société riche dont ils ne profitent pas.

En cette année 1968, vingt-cinq 2 CV seulement seront fabriquées à Levallois. Pendant « les événements », il n'y a plus d'essence. Mais on voit, à la télévision, ces « jeunes » qui brûlent, avec de l'essence, ces voitures pour lesquelles les Français ont une véritable religion.

Pourtant, après mai 68, les idées vont changer : la voiture n'est plus un objet d'amour pour les Français moyens. Et les sondages le prouvent : la télévision remplace peu à peu l'automobile dans leur cœur.

À propos de sondages, en voici un fait en automne 1968.

Première question : Avec votre salaire, quelle nouvelle voiture achèteriez-vous aujourd'hui ?

Un Français sur cinq (19,25 %) répond : la 2 CV (17,7 % des hommes, 20,8 % des femmes). C'est le plus gros pourcentage loin devant le deuxième, celui de l'AMI 6 (10,5 %).

Deuxième question : Si on vous offrait une voiture, laquelle choisiriez-vous ?

Là, bien sûr les Français sont beaucoup moins nombreux à répondre « la 2 CV ». Mais quand même : 7,35 % aimeraient bien qu'on leur offre une « Deux pattes », et non pas une Rolls-Royce ou une Ferrari !

Ce changement dans l'esprit des Français va rencontrer très vite, au début des années soixante-dix, d'autres changements : de plus en plus, les voitures sont fabriquées par des machines qui n'ont pas besoin d'ouvriers pour les faire marcher. Les frontières s'ouvrent aux autres pays du Marché commun européen, bien sûr, mais aussi au Japon. Là-bas, on sait faire des petites voitures pas chères et qui marchent bien.

Enfin, un événement va changer tout cela : la crise du pétrole.

« Ils ont du pétrole ("ils", c'est-à-dire les pays producteurs), on a des idées ("on", c'est-à-dire les Français) ! » chante un chanteur des années soixante-dix.

Citroën a beaucoup d'idées pour sa future CX, mais l'entreprise n'a plus d'argent. En 1976, elle est rachetée par Peugeot qui devient ainsi PSA-Peugeot-Citroën. Il n'y a plus que deux grands constructeurs français : PSA, donc, et la régie Renault.

La nouvelle direction aimerait bien en finir avec cette 2 CV qui ne lui fait plus gagner d'argent. Mais notre canard sait se défendre. Il se sert pour cela de la publicité.

Depuis de nombreuses années, la 2 CV était présentée comme la voiture des jeunes. Avec la crise du pétrole, ça va changer. Sur une affiche de 1980, la 2 CV ressemble à un personnage de livres d'images. Ses phares sont devenus des yeux. Elle dit en souriant : « la gourmandise [1] est un vilain défaut. » Une affiche qu'aurait sans doute aimée Pierre-Jules Boulanger, qui voulait faire de sa TPV la voiture la moins chère du monde.

Voici le temps de la R 5

Mais la voiture aujourd'hui n'est plus une affaire de poète. Un patron d'une marque automobile qui rêverait d'entasser des œufs et des sabots dans l'une d'elles serait tout de suite envoyé chez un psychiatre [2]. Avant de la fabriquer, les constructeurs font de très sérieuses « études de marché ». Ce qui ne veut pas dire, naturelle-

---

1. Gourmandise : défaut des gens qui mangent trop.
2. Psychiatre : médecin qui soigne la folie.

Sa dernière concurrente : la R 5.

ment qu'ils envoient, comme avant la guerre pour la TPV, quelqu'un se promener sur la place de l'église des villages de France, le dimanche, jour du marché, avec un questionnaire à la main !

La voiture est devenue un produit qui doit obéir à un certain nombre de lois. L'une de ces lois est celle de l'aérodynamisme. Pour aller vite, sans brûler trop d'essence, sans faire trop de bruit, une voiture doit savoir entrer dans l'air en lui opposant le moins d'obstacles possibles. Pour répondre à cette loi naturelle, toutes les nouvelles voitures ont peu à peu pris les mêmes formes lisses et arrondies. D'autres lois sont décidées au Parlement [1] : des lois sur la sécurité, les économies d'essence, la protection de la nature.

---

1. Parlement : réunion des hommes et des femmes élus par la Nation.

Dès 1967, la Régie Renault a compris le changement dans les idées et la vie des Français. Son président, Pierre Dreyfus, veut lancer une voiture originale, entre la 4 L, la voiture qui passe partout, et la Renault 6 qui a été mal vendue.

« Cette voiture, dit Pierre Dreyfus, devra être sympathique, "marrante" (amusante, en argot) et assez jolie pour plaire aux femmes et aux jeunes. »

Quand la R 5 sort enfin, en janvier 1972, c'est tout de suite un succès. Cette petite voiture est aussi bonne pour l'autoroute que pour la ville.

« Ce n'est pas une voiture, dit le successeur de Pierre Dreyfus, c'est un fait de société. »

Va-t-elle remplacer la 2 CV dans le cœur des Français ? Les publicitaires font tout pour cela. La R 5 est présentée comme un personnage de bande dessinée, volant au-dessus des toits et des autres voitures. On la dessine aussi petite comme un jouet d'enfant. Sur cette affiche, on voit l'énorme bras du pompiste* obligé de se pencher très bas pour lui verser une goutte d'essence. Économie avant tout ! La voilà enfin, la vraie concurrente de la 2 CV.

Le nom « R 5 » n'est même plus écrit sur les publicités. Tout le monde la reconnaît. Enfin, en 1984, quand Renault arrête de la fabriquer, on la voit dessinée sur les affiches, elle pleure d'un phare et dit : « Adieu, monde cruel ! » C'est pour mieux renaître sous la forme de la Supercinq.

En 1990, Renault lance la fille de la R 5 nommée Clio, tout aussi « marrante » et jeune que la R 5. En face d'elle, Citroën propose sa petite AX et Peugeot sa 205. Mais il faut être un spécialiste de la voiture pour les reconnaître quand elles passent sur la route entre une petite Fiat et une petite Ford. Il n'y a plus de « petites françaises », il n'y a que des petites, des moyennes ou des grosses voitures.

TOUTES LES FOLIES SONT PERMISES

La R 5 est donc devenue, à partir de 1972, la nouvelle petite princesse des routes. Mais, pendant ce temps, la 2 CV continue d'être fabriquée et vendue à soixante-dix mille ou quatre-vingt mille exemplaires par an.

Ses acheteurs, qu'on appelle maintenant les « deuchistes », lui donnent mille et une formes, mille et un déguisements. Celui-ci ouvre son toit avec un grand ouvre-boîtes, celui-là a coupé l'arrière et lui fait traîner un gros rouleau qui étale la terre des courts de tennis. Ce troisième lui donne un moteur de Porsche ! D'autres y plantent une voile et la font courir sur les plages. On la met sur l'eau. La voici devenue bateau ! On l'allonge de deux mètres. La voilà autobus pouvant transporter dix personnes. On lui donne un étage, on y met un lit, un lavabo, la voilà transformée en maison

Certains la peignent comme une chaussure de sport !

roulante. Toutes les folies sont permises : certains les peignent comme une chaussure de sport. D'autres la recouvrent de fourrure [1], pour qu'elle n'ait pas froid. On raconte même qu'en Suisse, on lui a donné des ailes d'avion et qu'elle aurait volé. Pas très haut, mais quand même assez pour quitter la terre...

Mais elle a, pendant ce temps, connu des aventures plus sérieuses : c'est elle qui a traversé la première le tunnel du Mont-Blanc, deux ans avant son ouverture à la circulation. Elle est descendue dans la mine, à Varengeville où elle aide encore à ramasser le sel. On l'a même vue, en 1967, rouler à Fangataufa, en Polynésie française, où la France fait ses expériences de bombes atomiques.

Puisqu'elle est devenue surtout une voiture pour le plaisir, Citroën sort alors, en 1980, une nouvelle série de 2 CV, dont les peintures et le dessin font penser aux vieilles automobiles des années vingt. Elle reçoit le nom de « Charleston », une danse de ce temps-là. La Charleston se vend bien. Mais la 2 CV n'intéresse plus Peugeot Citroën.

Le 25 février 1988, la 3 418 347e 2 CV sort de l'usine de Levallois. C'est aussi la dernière. L'usine de Levallois ferme. Pendant deux ou trois ans, l'usine de Mandalgue, au Portugal, continue d'en fabriquer quatre-vingt-cinq par jour et s'arrête à son tour. Au total, en quarante ans, il y aura eu plus de cinq millions de 2 CV fabriquées. Cinq millions dont la plupart continuent d'aller sur les routes d'un pas de canard.

Elle roulera toujours en l'an 2000. La 2 CV ne peut pas mourir.

---

1. Fourrure : peau des animaux.

Son histoire est finie, mais son image demeure : celle de la petite voiture de la jeunesse et de la liberté.

Mots et expressions

l'automobile

accélérateur, *m.* : système qui permet de donner de la vitesse à la voiture (voir pédale d'accélérateur).

aérodynamisme, *m.* : forme donnée à la voiture pour qu'elle entre mieux dans l'air.

aile, *f.* : partie de la carrosserie au-dessus des roues.

bâche, *f.* : gros tissu qui ne laisse pas passer l'eau.

batterie, *f.* : boîte fabriquant de l'électricité.

boulon, *m.* : pièce de métal terminée par une tête dans laquelle on peut faire entrer une autre pièce (voir vis).

câble, *m.* : corde faite en métal.

calandre, *f.* : ouverture avant pour aérer le moteur.

capot, *m.* : porte couvrant le moteur.

capote, *f.* : tissu (bâche) qui sert de toit à certaines voitures et que l'on peut enlever (voitures décapotables).

carburateur, *m.* : appareil qui mélange l'essence à l'air pour faire marcher le moteur.

carrosserie, *f.* : le « vêtement » de métal de la voiture.

charrette, *f.* : vieille voiture tirée par des animaux.

châssis, *m.* : pièce de métal qui porte la carrosserie.

clé de contact, *f.* : clé qui allume le moteur.

coffre, *m.* : endroit de la voiture où on met les bagages.

concurrence, *f.* : rapport entre les constructeurs qui se disputent des clients.

CV, *m.* (2 CV, 4 CV) : abréviation de Cheval Vapeur : unité de travail de la voiture qui déplace 75 kilos au mètre par seconde. Prononcer Deux-chevaux ou Quatre-chevaux.

démarreur, *m.* : objet destiné à faire partir le moteur (la clé de contact est un démarreur).

manivelle, *f.* : ancien démarreur que l'on faisait entrer dans le moteur par la calandre et que l'on tournait à la main.

panne, *f.* : arrêt de la voiture parce que le moteur est cassé, ou quand il n'y a plus d'essence.

pédale, *f.* : élément d'une voiture que l'on fait marcher avec le pied (pédale de frein, pédale d'accélérateur).

phare, *m.* : lampe de la voiture.

pompiste, *m.* : vendeur d'essence.

serrure, *f.* : système qui ferme une porte.

suspension, *f.* : appui souple de la voiture sur les roues.

tôle (ondulée), *f.* : feuille de fer ou d'acier. Ondulée : qui fait des plis.

traction avant, *f.* : moteur qui tire la voiture par les roues avant.

utilitaire (véhicule) : qui est utile. Véhicule utilitaire : automobile dont on se sert pour faire son métier.

vis, *f.* : objet pointu que l'on enfonce en tournant pour tenir un autre objet.

vitre, *f.* : verre des fenêtres.

volant, *m.* : objet rond et creux à l'intérieur de la voiture, que le conducteur utilise pour tourner les roues à droite ou à gauche.

COLLECTION LECTURE FACILE

TITRES PARUS OU À PARAÎTRE

Série Vivre en français

Niveau 1 : La Cuisine française ; Le Tour de France.

Niveau 2 : La Grande Histoire de la petite 2 CV ; La Chanson française ; Paris ; La Bourgogne*.

Niveau 3 : Abbayes et cathédrales de France ; Versailles sous Louis XIV* ; La Vie politique en France* ; Le Cinéma français*.

Série Grandes œuvres

Niveau 1 : Carmen, *P. Mérimée* ; Contes de Perrault.

Niveau 2 : Lettres de mon moulin, *A. Daudet* ; Le Comte de Monte-Cristo, *A. Dumas*, tome I ; Le Comte de Monte-Cristo, *A. Dumas*, tome II ; Les Aventures d'Arsène Lupin, *M. Leblanc* ; Poil de Carotte, *J. Renard* ; Notre-Dame de Paris, *V. Hugo*, tome I ; Notre-Dame de Paris, *V. Hugo*, tome II ; Germinal, *É. Zola* ; Tristan et Yseult* ; Cyrano de Bergerac*, *E. Rostand*.

Niveau 3 : Tartuffe, *Molière* ; Au Bonheur des Dames, *É. Zola* ; Bel-Ami, *G. de Maupassant*.

Série Portraits

Niveau 1 : Victor Hugo ; Alain Prost* ; Vincent Van Gogh*.

Niveau 2 : Colette ; Les Navigateurs français.

Niveau 3 : Coco Chanel ; Gérard Depardieu ; Albert Camus*.

* Titres à paraître en 1994.

Deux dossiers de l'enseignant sont parus (un pour 12 titres).

Imprimé en France par I.M.E. - 25110 Baume-les-Dames
Dépôt légal n° 9549.02/1994 - Collection n° 04 - Edition n° 02
15/4899/9